30 dias com o Imaculado Coração de Maria

JOSÉ CARLOS FERREIRA DA SILVA

30 dias com o Imaculado Coração de Maria

Dados Internacionais de Catalogação na Publicação (CIP)
(Câmara Brasileira do Livro, SP, Brasil)

Silva, José Carlos Ferreira da
  30 dias com o Imaculado Coração de Maria / José Carlos Ferreira da Silva. – 6. ed. – São Paulo : Paulinas, 2013. (Coleção vida cristã)

ISBN 978-85-356-3647-5

1. Livros de oração e devoção 2. Meditação I. Título. II. Série.

13-10744   CDD-242.2

Índice para catálogo sistemático:
1. Meditações e orações para uso diário : Cristianismo 242.2

Citações: *Bíblia Sagrada* – Tradução da CNBB. 5. ed. 2007.

6ª edição – 2013
6ª reimpressão – 2023

Direção-geral: *Flávia Reginatto*
Editora responsável: *Vera Ivanise Bombonatto*
Copidesque: *Maria Goretti de Oliveira*
Coordenação de revisão: *Marina Mendonça*
Revisão: *Ana Cecilia Mari e Mônica Elaine G. S. da Costa*
Direção de arte: *Irma Cipriani*
Gerente de produção: *Felício Calegaro Neto*
Projeto gráfico de capa e miolo: *Telma Custódio*

Nenhuma parte desta obra poderá ser reproduzida ou transmitida por qualquer forma e/ou quaisquer meios (eletrônico ou mecânico, incluindo fotocópia e gravação) ou arquivada em qualquer sistema ou banco de dados sem permissão escrita da Editora. Direitos reservados.

Paulinas

Rua Dona Inácia Uchoa, 62
04110-020 – São Paulo – SP (Brasil)
Tel.: (11) 2125-3500
http://www.paulinas.com.br – editora@paulinas.com.br
Telemarketing e SAC: 0800-7010081

© Pia Sociedade Filhas de São Paulo – São Paulo, 2009

À minha mãe,
Manuelina Ferreira da Silva,
pela sua devoção.

Ao povo de Piaçu (ES),
pela alegria que traz ao meu ministério.

Orientações para o grupo de oração

Preparação

- Marcar o lugar do encontro.
- Preparar o ambiente com algum símbolo.
- Pedir a cada participante que traga a sua Bíblia.
- Com o *Ano litúrgico*, marcar o Evangelho próprio do dia.
- Preparar uma folha com cantos marianos.
- Dividir as tarefas do encontro.

Encontro celebrativo

- Dirigente inicia em nome da Trindade.
- Dirigente abençoa a família que recebe o grupo.
- Rezar a oração: "Coração de todos os momentos" (pp. 8-9).
- Aclamar e proclamar o Evangelho do dia.
- Repetir alguma frase ou palavra do Evangelho.
- Partilhar o sentido do Evangelho e experiências de vida.
- No livro, rezar a oração correspondente do dia.
- Rezar o terço e intenções.
  Segundas e sábados: mistérios gozosos.
  Terças e sextas: mistérios dolorosos.
  Quartas e domingos: mistérios gloriosos.
  Quintas: mistérios luminosos.
- Combinar um gesto concreto. Agradecer à família que acolhe. Informar o local e o horário do próximo encontro.
- Canto final.

Apresentação

Ao escutar pela primeira vez um refrão meditativo que dizia: "Maria, coloca-me com o teu Jesus", comecei a meditar sobre o papel de Nossa Senhora na vida de Jesus e em nossa oração.

O seu papel na obra da redenção nos é claro. Ela acolheu no seu ventre o Verbo de Deus, o Cristo Jesus. Dele cuidou e amou-o. Esteve junto a ele nas diversas etapas da vida: do presépio à ascensão, sofrendo, sobretudo, com a sua morte dramática na cruz e com a solidão do Sábado Santo. Nem o maior e melhor dos discípulos, em todos os tempos, jamais conseguiu viver de forma tão intensa e singular o que Maria viveu e experimentou de Belém a Jerusalém, caminhando ao lado de Jesus. Maria, como ninguém na história da Salvação, consentiu em deixar Deus entrar, morar e agir em sua vida.

Por tudo isso, pela fé na comunhão dos santos, sinto que, com tudo o que Maria passou pelo Cristo e com Cristo, ela se tornou a primeira interessada no nosso encontro com ele. Nesse sentido, partilho com você algumas orações que o meu coração dirigiu ao Imaculado Coração de Maria, pedindo que nas alegrias e tristezas me colocasse junto ao nosso Salvador, o Cristo de Deus.

Desejo que você também se encontre ou se reencontre com ele por meio daquela que o acolheu, gerou, educou, amou e seguiu.

Bons encontros!

Coração de todos os momentos

Coração triste aos pés da cruz,
Coração alegre de Mãe, preparando o presépio,
Coração que acompanhou, passo a passo,
O Coração do Cristo-Deus,
Do Coração humano de Mãe à ascensão
Ao Coração Divino do Pai.
Coração que sentiu as alegrias e dores
Que Cristo sentiu em seu humano corpo

Empresta-me o teu olhar, para que eu reveja o caminho que com ele fizeste.

Empresta-me os teus sentimentos, para que eu sinta, no fundo de minha alma, as alegrias e tristezas que provaste.

Empresta-me os teus pés, para que eu caminhe lado a lado com ele.

Empresta-me os teus ouvidos, para que eu guarde tudo o que dele escutaste.

Empresta-me o teu silêncio, onde guardaste com amor todas as coisas a seu respeito.

Empresta-me o teu equilíbrio e sensatez, diante de tudo o que viste e ouviste.

Empresta-me a tua coragem, ao acompanhar e participar do seu injusto julgamento.

Empresta-me a paz com que ouviste aos pés da cruz as batidas dos pregos, os gemidos de dor.

Empresta-me as marcas e cicatrizes dos momentos alegres e tristes que vivenciaste junto ao teu Filho, quando as minhas cicatrizes me abaterem.

Empresta-me a tua alegria do primeiro encontro com o teu Filho Ressuscitado.

Empresta-me a tua confiança de que a cruz não é a última estação da Via-Sacra.

Empresta-me a emoção em acompanhar o teu Jesus na ascensão aos céus.

Empresta-me a tua experiência de ser por ele elevada ao céu, para que aqui na terra o meu coração seja, de verdade, para aqueles que comigo convivem, um coração que carregue os sentimentos do teu Divino Filho.

1º dia

Ó Virgem Maria

Que no teu Imaculado Coração
Acolheste com ternura e docilidade o Verbo de Deus,
Tornando-te, por graça do Espírito Santo,
Colaboradora na obra da Encarnação Redentora

Ensina-me o teu modo de acolher, acompanhar o teu Filho Jesus passo a passo ao longo da minha vida.

Ensina-me o teu modo de acolher e tirar o máximo de aprendizado dos ensinamentos do teu Filho, o Cristo Jesus.

Ajuda-me, a teu modo, a acolher a voz do teu Filho amado que sussurra no íntimo do meu coração.

Ajuda-me, a teu modo, a acolher as indicações e conselhos comunicados nas páginas do Evangelho pelos lábios do teu Cristo, nosso Salvador.

Ajuda-me, a teu modo, a percorrer passo a passo a vida do teu Filho que morreu e ressuscitou por amor a mim.

Ajuda-me, a teu modo, a fazer, no dia-a-dia da minha vida, o caminho das bem-aventuranças que o teu Filho, o Cristo de Deus, ensinou e viveu.

A teu exemplo, ensina-me a acolher na generosidade do serviço aos meus irmãos, a generosidade que o teu Cristo Jesus praticou.

A teu exemplo, ensina-me a acolher, na plenitude da minha existência, os gestos de amor ao próximo que o teu Filho Jesus, Verbo do Pai encarnado, nos deixou.

A teu exemplo, ajuda-me a acolher, na oração silenciosa de cada dia, a vontade do teu Filho Jesus Cristo, para o meu bem e para o bem da minha comunidade.

A teu exemplo, ensina-me a acolher, e comunicar ao mundo, com as minhas palavras e gestos, as palavras de carinho que dos lábios santos do teu Cristo saíam.

Graça do dia: Deus Pai, a exemplo do Imaculado Coração de Maria, ajuda-me a acolher o teu Cristo.

2º dia

Ó Virgem Maria

Que no teu Imaculado Coração
O amor se fez Homem, se fez um entre nós,
Tornando-te, por graça do Espírito Santo,
Colaboradora amorosa na obra da Encarnação Redentora

Ensina-me a tua forma de amar, acolher o amor que em ti se fez Homem, Jesus de Nazaré.

Empresta-me o amor com que amaste o teu Filho Jesus, para que o meu amor a ele seja perfeito e transparente.

Ajuda-me, à tua forma, a praticar o amor com que amaste o teu Cristo nos cristos com quem convivo no meu dia-a-dia.

Ensina-me, à tua forma, a interromper as minhas atividades para dedicar o amor que o teu Filho, o Cristo Jesus, praticou com aqueles que dele se aproximavam cada dia.

Ensina-me, à tua forma, a abandonar as minhas preocupações para mais amar, como fez o Divino Filho, Jesus de Nazaré.

Ensina-me, à tua forma, a praticar o abandono de mim mesmo e a mergulhar no amor que teu Cristo ensinou e com a vida testemunhou.

Ensina-me, à tua forma, a contemplar na oração silenciosa as manifestações amorosas do teu Cristo em minha vida.

Ensina-me, à tua forma, a amar aqueles e aquelas que exigem de mim uma manifestação amorosa semelhante à do Cristo.

Graça do dia: Deus Pai, a exemplo do Imaculado Coração de Maria, ensina-me a amar o teu Cristo.

3º dia

Ó Virgem Maria

Que no teu Imaculado Coração acolheste o Verbo de Deus,
O Homem-Deus, Jesus de Nazaré, um pobre a serviço dos pobres,
Tornando-te, por graça do Espírito Santo,
Pobre colaboradora, na obra da Encarnação Redentora

A teu exemplo, eu descubra que perder os bens e a fama não significa perder a dignidade humana e o amor do teu Filho.

A teu exemplo, eu descubra que o amor do teu Filho Jesus, Homem de Nazaré, não é exclusivo, mas é preferencial aos pobres deste mundo.

A teu exemplo, eu descubra que a situação de risco em que se encontram os pobres, os preferidos do teu Filho, os torna destinatários preferenciais também das minhas ações.

A teu exemplo, eu descubra que são os pobres os que aguardam as boas notícias do Evangelho pregado por teu Filho, o amado Jesus.

A teu exemplo, eu descubra que quem carrega o teu Cristo no coração nunca esquece que os pobres nos julgarão.

Graça do dia: Deus Pai, a exemplo do Imaculado Coração de Maria, ensina-me a amar e cuidar dos pobres, preferidos do teu Cristo.

4º dia

Ó Virgem Maria

Que no teu Imaculado Coração acolheste,
Serviste com ternura e docilidade o Verbo de Deus,
Tornando-te, por graça do Espírito Santo,
Colaboradora terna na obra da Encarnação Redentora

Ensina-me, à tua maneira, a amar e servir com a mesma ternura e docilidade do Cristo Jesus, o Verbo de Deus.

À tua maneira, eu não me esqueça dos gestos de carinho, ternura e docilidade praticados pelo teu Filho amado, Jesus de Nazaré.

À tua maneira, eu descubra que a caridade é prova de afeto, é prazer de estar junto com o outro, como fez o teu Filho Jesus.

À tua maneira, eu descubra que a ternura deve estar presente em homens e mulheres, como nos ensinou o teu Divino Filho Jesus.

Ajuda-me, à tua maneira, a expressar a ternura, como o teu Filho Jesus a expressou.

Ajuda-me, à tua maneira, a perceber ternura no olhar e no agir do teu Filho, Jesus de Nazaré.

Graça do dia: Deus Pai, a exemplo do Imaculado Coração de Maria, ensina-me a servir com ternura ao teu Cristo.

5º dia

Ó Virgem Maria

Que no teu Imaculado Coração, pelo anúncio do anjo,
Pela acolhida amorosa ao Verbo de Deus, que se fez Homem,
Te tornaste, por graça do Espírito Santo,
Colaboradora e missionária na obra Redentora

Ensina-me, a teu jeito, que a vocação é da parte de Deus um convite, da minha parte uma resposta, como respondeu em plenitude o teu Filho Jesus.

Ensina-me, a teu jeito, que a vocação é da parte de Deus um chamado, da minha parte uma entrega, como se entregou na cruz, por nós, o teu Filho Jesus.

Ensina-me, a teu jeito, que a vocação é da parte de Deus uma proposta, da minha parte uma opção, como optou pela vida, até as últimas consequências, o teu Filho Jesus.

Ensina-me, a teu jeito, que a vocação é da parte de Deus uma missão e, da minha parte, uma decisão e ação, como decidiu, em plenitude, o teu Filho Jesus.

A teu jeito, eu descubra que a missão é adesão ao projeto do Pai, como aderiu, com todas as forças, o teu Filho Jesus.

A teu jeito, eu descubra que também preciso, a exemplo do teu Filho, passar por esta vida fazendo o bem ao próximo.

A teu jeito, eu descubra que é praticando as obras do teu Filho Jesus que me tornarei seu discípulo.

A teu jeito, eu descubra que o discipulado acontece seguindo passo a passo o caminho percorrido pelo teu Filho, o Mestre Jesus.

Graça do dia: Deus Pai, a exemplo do Imaculado Coração de Maria, ensina-me a anunciar ao mundo o teu Cristo.

6º dia

Ó Virgem Maria

Que no teu Imaculado Coração
Escutaste, acolheste, geraste e anunciaste o Verbo de Deus
Que, em ti, se fez Homem, tornando-te, por graça do Espírito Santo,
Colaboradora amorosa na obra da Encarnação Redentora

Faz-me, à tua forma, ouvir as palavras e o mandato do teu Cristo: "Ide por todo o mundo e pregai o Evangelho a toda criatura".

Faz-me, à tua forma, como os discípulos, partir e pregar por toda parte, ensinando em nome do teu Filho.

Faz-me, à tua forma, ouvir com obediência os ensinamentos e o mandato do teu Filho Jesus.

Faz-me, à tua forma, ouvir e anunciar com audácia a pessoa e proposta do teu Filho Jesus de Nazaré à minha família e às famílias da minha comunidade.

Faz-me, à tua forma, ouvir o apelo do teu Cristo que reaviva o meu compromisso batismal para a missão.

Faz-me, à tua forma, ouvir o apelo do teu Cristo e sair a reavivar a fé nos afastados e excluídos.

Graça do dia: Deus Pai, a exemplo do Imaculado Coração de Maria, ensina-me a ouvir atentamente os apelos do teu Cristo.

7º dia

Ó Virgem Maria

Que no teu Imaculado Coração,
Por graça do Espírito Santo,
Conviveste na intimidade com o Verbo de Deus,
Te fizeste sua seguidora e demonstraste, por toda a vida,
Um conhecimento íntimo do Cristo de Deus,
Tornando-te colaboradora amorosa
Na obra da Encarnação Redentora

Ajuda-me, à tua maneira, a experimentar no dia-a-dia este conhecimento íntimo no seguimento de teu Filho Jesus.

Ajuda-me, à tua maneira, a conhecer e acolher pela fé o segredo da vida cristã feliz, teu Filho, o Cristo Jesus, o Homem de Nazaré.

Ajuda-me, à tua maneira, a perceber na intimidade do coração que o teu Filho Jesus é a "água viva" de que falava com a mulher samaritana.

Ajuda-me, à tua maneira, a vivenciar intimamente as "marcas" que teu Filho Jesus deixou no modo de ser, de pensar e de agir dos primeiros discípulos que viveram unidos a ele.

Ajuda-me, à tua maneira, a alcançar a graça das graças: conhecer e amar o teu Filho Jesus Cristo.

Una-me, à tua maneira, ao teu Filho, para que todos os meus afetos sejam conduzidos pelo coração do teu Cristo.

Ajuda-me, à tua maneira, a criar em meu coração um espaço onde venha habitar o Verbo de Deus que em ti se fez Homem para morar entre nós.

À tua maneira, contemplando os mistérios da vida do teu Filho Jesus, eu adquira uma intimidade e conhecimento profundo dos seus sentimentos.

À tua maneira, à luz do Evangelho, eu estabeleça uma amizade cada vez mais intensa e pessoal com o teu Jesus, nosso Salvador.

Graça do dia: Deus Pai, a exemplo do Imaculado Coração de Maria, ensina-me a conhecer intimamente o teu Cristo.

8º dia

Ó Virgem Maria

Que no teu Imaculado Coração te alegraste profundamente
Com o chamado do Pai para que acolhesse e
Gerasse o Verbo de Deus,
O Cristo Jesus, que se fez Homem e habitou entre nós,
Tornando-te, por graça do Espírito Santo,
Colaboradora alegre na obra da Encarnação Redentora

A teu exemplo, eu descubra que não é possível viver a missão do teu Cristo como quem carrega o peso de uma cruz.

A teu exemplo, eu descubra que minha missão, servir em nome do Filho Jesus, não é sacrifício.

A teu exemplo, eu descubra que o teu Filho Jesus não nos exigiu sacrifícios, apenas que amemos os nossos irmãos como a nós mesmos.

A teu exemplo, eu descubra que preciso redescobrir na fé o verdadeiro espírito da alegria que movia o teu Cristo.

A teu exemplo, eu descubra a alegria em servir, ser disponível, ser solidário, como o foi o teu Filho, Jesus de Nazaré.

A teu exemplo, eu descubra, no modo de viver alegre do teu Filho, que a alegria é remédio para as minhas dores e para as dores do mundo.

A teu exemplo, eu descubra que em minhas ações pastorais preciso manifestar a alegria que é própria de quem tem o teu Filho Ressuscitado no coração.

A teu exemplo, eu descubra, no modo de agir de teu Filho, que a minha ação pastoral deve ser feita alegremente e não a contragosto.

Graça do dia: Deus Pai, a exemplo do Imaculado Coração de Maria, ajuda-me a descobrir a alegria de estar com o teu Cristo.

9º dia

Ó Virgem Maria

Teu Imaculado Coração abriu-se à morada
Do Verbo de Deus que se fez Homem,
Vivenciando a vida do povo de Nazaré e tornando-te,
Por graça do Espírito Santo, um sacrário humano,
Colaboradora ardente na obra da Encarnação Redentora

Pede, com o teu carinho de mãe, que o teu Divino Filho tire do meu coração tudo o que não seja do seu agrado.

Pede, com o teu carinho de mãe, que o teu Divino Filho esvazie o meu coração de tudo que não me deixa caminhar ao seu lado.

Pede, com o teu carinho de mãe, que o teu Divino Filho retire do meu espírito todos os desejos contrários ao seu seguimento.

Pede, com o teu carinho de mãe, ao teu Divino Filho que inebrie a minha alma com o seu Sangue e com o seu Corpo, dados por nós.

Empresta-me o teu coração, onde em primeiro lugar o Verbo de Deus, o teu Cristo, fez sua morada, como um de nós, para que eu o ame, adore e sirva como tu o serviste.

Empresta-me a tua alegria em acolher em teu corpo o Deus feito Homem, o teu Cristo, para que minha alegria seja perfeita.

Ajuda-me, com o teu carinho de mãe, a abrir todos os dias as portas da minha vida para acolher e deixar fazer morada no meu coração os pobres, os preferidos do teu Filho.

Com o teu carinho de mãe, eu possa fixar o meu olhar no modo como o teu Filho, Jesus de Nazaré, viveu aqui na terra fazendo o bem a todos e repetir no meu cotidiano as suas ações.

Graça do dia: Deus Pai, a exemplo do Imaculado Coração de Maria, ensina-me a fazer do meu coração um sacrário do teu Cristo.

10º dia

Ó Virgem Maria

Que no teu Imaculado Coração
Foste solidária com a humanidade, atendendo ao pedido do Pai,
Acolhendo, amando, cuidando e seguindo
Com ternura e docilidade o Verbo de Deus,
Tornando-te, por graça do Espírito Santo,
Colaboradora solidária na obra da Encarnação Redentora

A teu modo, eu descubra o caminho da sensibilidade, da solidariedade, do amor que testemunhou o teu Filho Jesus, nosso Salvador.

Ajuda-me, a teu modo, a praticar a caridade do teu Cristo, no dia-a-dia da minha vida.

Ajuda-me, a teu modo, a ser testemunho de solidariedade em todas as circunstâncias da vida.

A teu modo, eu descubra que a caridade praticada pelo teu Filho Jesus e os seus discípulos devolvia a dignidade humana aos que a recebia.

A teu modo, eu descubra que a caridade é como um poço: tem sempre um pouco de si para doar, como fez com a sua própria vida, o teu Filho, o Cristo Jesus.

A teu modo, eu descubra que a caridade está aberta diante das súplicas do mundo, como fazia o teu Filho Jesus, o Cristo de Deus.

A teu modo, eu descubra que as ações de caridade não se resumem em "dar" coisas, mas em dar-se, doar-se, como fez ao mundo o teu Filho e nosso irmão, o Cristo Jesus.

Graça do dia: Deus Pai, a exemplo do Imaculado Coração de Maria, ensina-me a ser solidário como teu Cristo.

11º dia

Ó Virgem Maria

Que no teu Imaculado Coração acolheste e
Conviveste com o Verbo de Deus que em ti se fez humano,
Tornando-te, por graça do Espírito Santo,
Colaboradora obediente na obra da Encarnação Redentora

A teu exemplo, eu descubra que quem carrega o teu Filho Jesus no coração aproxima-se com gosto de todas as pessoas.

A teu exemplo, eu descubra que quem carrega o teu Filho Jesus no coração descobriu o prazer de conviver, "viver-com-os--outros".

A teu exemplo, eu descubra que quem carrega o teu Filho Jesus no coração descobriu que o amor não aceita viver isolado.

A teu exemplo, eu descubra que quem carrega o teu Filho no coração descobriu que somos necessitados uns dos outros.

A teu exemplo, eu descubra que quem carrega o teu Filho no coração descobriu que o ideal de vida cristã é a vida em comunidade.

A teu exemplo, eu descubra que quem carrega o teu Filho Jesus no coração descobriu que o Pai, o Filho, o Espírito reúnem sempre.

A teu exemplo, eu compreenda que a fé exige ir ao encontro daqueles que ainda não aceitam a Boa-Nova do Evangelho do teu Filho.

A teu exemplo, eu tenha prazer em participar da vida da minha comunidade, fundada no amor do teu Filho.

A teu exemplo, eu entenda que o amor não suporta o isolamento, que o isolamento afasta do amor, da festa, da comunhão com o teu Filho.

A teu exemplo, eu assuma cada dia viver na minha comunidade, onde somos irmãos e irmãs e filhos do mesmo Pai, que, pela força do Espírito Santo, nos trouxe o teu Filho.

Graça do dia: Deus Pai, a exemplo do Imaculado Coração de Maria, ensina-me a estar aberto à convivência fraterna.

12º dia

Ó Virgem Maria

Que no teu Imaculado Coração, atendendo ao pedido do Pai,
Acolheste com esperança e docilidade o Verbo de Deus,
Jesus, o Cristo;
Esperando com ele, contra a morte,
Um dos maiores inimigos da esperança humana,
Tornando-te, por graça do Espírito Santo,
Colaboradora esperançosa na obra da Encarnação Redentora

Ensina-me, a teu modo, a esperar com a força e o amor que brotam da entrega amorosa do teu Filho.

Ensina-me, a teu modo, a esperar as demoras do Pai, para o encontro com o teu Cristo Ressuscitado.

Ensina-me, a teu modo, a esperar com alegria as manifestações gloriosas do teu Cristo.

Ensina-me, a teu modo, a esperar sem ansiedade e agitação a realização, em minha vida, das promessas do teu Cristo.

Ensina-me, a teu modo, a lutar contra o desespero que o sofrimento provocar no meu coração, pelo silêncio do teu Filho.

Ensina-me, a teu modo, a esperar com paciência as graças que prometeu o teu Filho.

Ensina-me, a teu modo, a reavivar as minhas esperanças mortas como as dos discípulos de Emaús, ao encontrar com teu Filho, na partilha do pão.

Ensina-me, a teu modo, a viver na esperança e na alegria o encontro com o teu Filho, como Maria Madalena e os seus discípulos naquela manhã do domingo de Páscoa.

Graça do dia: Deus Pai, a exemplo do Imaculado Coração de Maria, educa-me na esperança do teu Cristo.

13º dia

Ó Virgem Maria

Que no teu Imaculado Coração,
Ao dizer: "Faça-se em mim segundo a tua Palavra",
Depositaste toda a tua confiança no amor do Pai,
Tornando-te, por graça do Espírito Santo,
Mãe do Verbo de Deus, Jesus de Nazaré,
Colaboradora confiante na obra da Encarnação Redentora

Ensina-me, à tua maneira, a depositar uma confiança sem medida, como a tua, no amor do teu Filho Jesus, que por nós morreu na cruz.

Ensina-me, à tua maneira, a depositar uma confiança sem medida, como a tua, nos apelos que teu Filho faz ao meu coração.

Ensina-me, à tua maneira, a confiar mais na Palavra Eterna do Pai, em teu Jesus Cristo, do que na minha própria palavra.

Ensina-me, à tua maneira, a acolher com confiança as indicações e conselhos do teu Filho.

Ensina-me, à tua maneira, com disposição e confiança, a acolher o teu Filho, o Verbo de Deus.

Ensina-me, à tua maneira, a confiar, desejar e aceitar tudo o que teu Filho me comunicar.

Ensina-me, à tua maneira, a depositar uma confiança sem medida no amor do teu Filho Jesus.

Ensina-me, à tua maneira, a confiar no amor do teu Filho Jesus que me leva a viver a fraternidade, compartilhar os bens, atender os pobres, colaborar para um mundo mais justo e mais irmão.

Ensina-me, à tua maneira, a confiar e viver em comunhão íntima com o teu Filho, o Cristo Jesus.

Ensina-me, à tua maneira, a deixar-me guiar pelo Espírito Santo, para que em tudo me assemelhe ao teu Filho, o Cristo Jesus.

Ensina-me, à tua maneira, a acreditar que o Espírito Santo agiu na vida do teu Filho, conduzindo-o na prática da vontade de Deus Pai.

Ensina-me, à tua maneira, a depositar a minha confiança na presença eucarística do teu Filho, como centro de toda a vida cristã, tanto comunitária quanto pessoal.

Graça do dia: Deus Pai, a exemplo do Imaculado Coração de Maria, ensina-me a confiar no teu Cristo.

14º dia

Ó Virgem Maria

Que no teu Imaculado Coração,
Diante da vontade do Pai, te fizeste uma serva humilde,
Acolhendo, na simplicidade do teu ser, o Verbo de Deus,
Jesus, modelo de humildade, o pobre de Nazaré,
Tornando-te, por graça do Espírito Santo,
Colaboradora humilde na obra da Encarnação Redentora

Ensina-me, à tua maneira, a caminhar humildemente nos passos da humildade do teu Cristo.

Compartilha comigo, à tua maneira, o jeito e modo humilde de ser, na convivência com o teu Cristo.

Ajuda-me, à tua maneira, a perceber que o maior gesto de humildade praticado nesta terra foi a encarnação do teu Cristo.

Ajuda-me, à tua maneira, a compreender que ser humilde é colocar a nossa dependência no Pai, que, pela ação do Espírito Santo, ressuscitou o teu Cristo.

Ajuda-me, à tua maneira, a perceber que a humildade do teu Filho nos questiona e nos desinstala.

Ajuda-me, à tua maneira, a ver que diante do teu Filho não posso conservar as minhas máscaras.

Ensina-me, à tua maneira, a encarnar a humildade, para que eu renasça para uma vida nova, com o teu Filho.

Ensina-me, à tua maneira, a não me exaltar diante dos meus irmãos, comunicando com meus gestos o Pai da ovelha perdida, a exemplo do teu Filho.

Ensina-me, à tua maneira, a escutar a voz do teu Filho que diz: "Os que se elevam serão humilhados e os que se humilham serão elevados".

Ensina-me, à tua maneira, a apostar a minha vida na Palavra do Pai que te permitiu acolher com humildade o Verbo de Deus, o teu Cristo que se fez Homem por amor a nós.

Graça do dia: Deus Pai, a exemplo do Imaculado Coração de Maria, ensina-me a humildade com que acolheste o teu Cristo.

15º dia

Ó Virgem Maria

Que no teu Imaculado Coração te puseste na gratuidade
Ao serviço do Pai, acolhendo e cuidando
Com docilidade do Verbo de Deus que se fez Homem,
Tornando-te, por graça do Espírito Santo,
Colaboradora gratuita na obra da Encarnação Redentora

A teu exemplo, eu descubra que a gratuidade é gesto de altruísmo, como praticou o teu Filho Jesus.

A teu exemplo, eu descubra que a gratuidade é trabalhar pelo outro por amor ao teu Cristo.

A teu exemplo, eu descubra que a gratuidade é o amor sem nenhum outro interesse, como o amor do teu Filho Jesus.

A teu exemplo, eu descubra que a gratuidade primeiro visa ao bem do outro, e não ao meu próprio bem, como fez o teu Cristo Jesus.

A teu exemplo, eu descubra que a gratuidade ensinada pelo teu Filho Jesus é amor sem fim.

A teu exemplo, eu descubra e coloque em prática a gratuidade, mesmo nos momentos de sofrimento, como o fez o teu Filho, o Cristo Jesus.

A teu exemplo, eu aprenda que nas mãos do teu Filho nenhum sofrimento se perde.

A teu exemplo, eu descubra que, movido pela ação do Espírito Santo, como fez o teu Filho, a disponibilidade para a caridade não tem limite.

A teu exemplo, eu não meça esforço para caminhar com o objetivo de fazer caridade, sobretudo aos pobres, os preferidos do teu Filho.

A teu exemplo, eu não me esqueça de que a maior obra de caridade praticada na terra foi a entrega livre e consciente do teu Filho por nós, na cruz.

Graça do dia: Deus Pai, a exemplo do Imaculado Coração de Maria, educa-me na gratuidade do teu Cristo.

16º dia

Ó Virgem Maria

Que no teu Imaculado Coração
Acolheste em tua simplicidade o pedido do Pai
Para que o Verbo se fizesse Homem
E, numa vida simples, convivesse conosco,
Tornando-te, por graça do Espírito Santo,
Uma simples colaboradora na obra da Encarnação Redentora

Ajuda-me, do teu jeito, a compreender que a vida é uma conversão à vontade do teu Filho.

Ajuda-me, do teu jeito, a compreender que todos nós temos, em nossa vida, algo a corrigir, ao olhar para a vida do teu Cristo Jesus.

Ajuda-me, do teu jeito, a romper com o ciclo de cumplicidade que me liga a mim mesmo, a exemplo do teu Filho, o Homem-Deus de Nazaré.

Ajuda-me, do teu jeito, a me tornar comunicativo, como o teu Filho, o Cristo Jesus.

Ajude-me, do teu jeito, a abrir-me aos outros, a exemplo do teu Filho, o Homem-Deus de Nazaré.

Ajuda-me, do teu jeito, a transformar o meu egoísmo em caridade, a exemplo do teu Filho, o Homem-Deus de Nazaré.

Ajuda-me, do teu jeito, a encontrar a necessidade de mudar o rumo da minha vida, a exemplo do teu Filho, o Homem-Deus de Nazaré.

Ajuda-me, do teu jeito, no dia-a-dia, a repensar a minha vida, olhando sempre para o teu amado Filho, Jesus de Nazaré.

Ajuda-me, a teu modo, a configurar as minhas motivações nas motivações do teu Filho.

Ajuda-me, a teu modo, a olhar para o Divino Filho Jesus e perceber que os olhos da fé enxergam mais longe que os olhos do corpo.

A teu modo, eu me convença de que o meu papel, como cristão, é ajudar as pessoas a se converterem e não receber aplausos, a exemplo do teu Filho, o Homem-Deus de Nazaré.

Graça do dia: Deus Pai, a exemplo do Imaculado Coração de Maria, ajuda-me a me converter aos ensinamentos do teu Cristo.

17º dia

Ó Virgem Maria

Que no teu Imaculado Coração aceitaste o pedido do Pai,
Acolhendo o Verbo de Deus que por nós se fez Homem,
Deixando-te conduzir pelo Espírito Santo, que te tornou
Colaboradora atenta na obra da Encarnação Redentora

A teu exemplo, eu me deixe conduzir pelo Espírito de Deus, que leva ao coração do teu Filho.

A teu exemplo, eu descubra que o Espírito é o sopro que anima a minha vida, como animou a vida e as ações do teu Divino Filho.

A teu exemplo, eu descubra que o Espírito Santo é a alma da vida, a energia pela qual Deus age em minha vida, como agiu na vida do teu Filho.

A teu exemplo, eu descubra que não basta ter boa vontade, é preciso me fundamentar, me sustentar em Deus Pai, como fez o teu Cristo.

A teu exemplo, eu cultive uma espiritualidade ao modo do teu Filho, a qual anime e sustente meus sonhos e ideais.

A teu exemplo, eu aprenda, com o teu Filho, o Homem-Deus de Nazaré, que não basta fazer, que não nasci para ser um mero ativista.

A teu exemplo, eu descubra que o Espírito Santo é o sopro de vida que anima e me enche de alegria, como o fez com teu Cristo.

A teu exemplo, eu descubra que é através deste sopro que Deus-Pai agiu em Jesus e age em nós.

A teu exemplo, eu descubra que num momento da vida o Espírito de Deus soprou sobre mim, como em Jesus, o teu Filho Amado.

A teu exemplo, eu deixe que o Espírito de Deus me transforme, me faça transparente, a exemplo do teu Filho, o Homem-Deus de Nazaré.

A teu exemplo, eu seja conduzido pela Palavra que a guiou no seguimento do teu Filho.

A teu exemplo, deixe-me fascinar pelo modo de pensar, de viver do teu Filho Jesus, de maneira que a sua vida se torne parte do meu ser.

A teu exemplo, eu mantenha o meu coração voltado para o Evangelho, sem deixar-me seduzir por ideologias contrárias ao amor anunciado e testemunhado com a própria vida pelo teu Filho, o Cristo Jesus.

Graça do dia: Deus Pai, a exemplo do Imaculado Coração de Maria, ensina-me a ser dócil ao Espírito do teu Cristo.

18º dia

Ó Virgem Maria

Que no teu Imaculado Coração
Acolheste, amaste, seguiste e testemunhaste o Verbo de Deus,
Jesus de Nazaré,
Tornando-te, por graça do Espírito Santo,
Colaboradora obediente na obra da Encarnação Redentora

Faz, a teu modo, que meu testemunho seja marcado pelo entusiasmo do teu Filho, o Homem-Deus, Jesus Cristo.

Faz, a teu modo, que meu testemunho tenha a marca da alegria com que os discípulos de Emaús comunicaram aos outros o encontro com o Ressuscitado, o teu Filho Jesus.

Faz, a teu modo, que, com o meu testemunho, os meus irmãos e irmãs sintam arder dentro de si o ânimo pelo teu Filho, Jesus Cristo.

Faz-me, a teu modo, uma pessoa movida pelo Espírito Santo, com coragem de ir ao encontro dos meus irmãos para contar a minha experiência com o teu Filho Ressuscitado.

Faz-me, a teu modo, experimentar a alegria e o entusiasmo que tu, os discípulos e Maria Madalena experimentaram na manhã do domingo de Páscoa, ao reconhecer o teu Filho Ressuscitado.

Faz-me, a teu modo, acreditar que o Pai me escolheu para testemunhar a alegria da Ressurreição, a mais bela de todas as tarefas delegadas pelo teu Filho.

Graça do dia: Deus Pai, a exemplo do Imaculado Coração de Maria, ensina-me a testemunhar o teu Cristo Ressuscitado.

19º dia

Ó Virgem Maria

Que no teu Imaculado Coração
Acolheste, amaste e imitaste com serenidade a ternura
E a docilidade do Verbo de Deus que no teu seio se fez Homem e,
Por graça do Espírito Santo, te fez participar como
Colaboradora na obra da Encarnação Redentora

Ajuda-me, a teu exemplo, a imitar o jeito sereno de ser e de agir de Jesus.

Ajuda-me, a teu exemplo, a descobrir o teu modo sereno que irradia a alegria de viver, amar e servir com Jesus.

A teu exemplo, eu descubra que quem tem Deus não perde a calma por pouca coisa.

A teu exemplo, eu descubra que escutar, inclusive as críticas, e recebê-las com tranquilidade, é sinal de serenidade.

A teu exemplo, eu descubra que minha ação no mundo deve ser baseada na serenidade do teu Filho.

A teu exemplo, eu descubra que o Reino pregado e vivenciado pelo Cristo não acontece com arrogância e muito menos com violência.

Graça do dia: Deus Pai, a exemplo do Imaculado Coração de Maria, ensina-me a imitar o jeito sereno do teu Cristo.

20º dia

Ó Virgem Maria

Que no teu Imaculado Coração
Exultaste de agradecimento ao Senhor por ter se lembrado de ti,
Porque te olhou, como pobre serva que acolheu,
Amou, cuidou de Jesus, o Verbo de Deus que
Em ti fez morada, tornando-te, por graça do Espírito Santo,
Colaboradora agradecida na obra da Encarnação Redentora

Ensina-me, a teu modo, a agradecer ao Pai por ter nos enviado o teu Filho, o Cristo Jesus.

Ensina-me, a teu modo, a ser uma pessoa agradecida pelas maravilhas que o teu Cristo realiza em meu ser.

Ensina-me, a teu modo, a corresponder com o coração agradecido ao amor, com o qual teu Filho me amou na cruz.

Ensina-me, a teu modo, a agradecer com a profundidade do meu ser, como fez o teu Filho, que tanto nos amou.

Ensina-me, a teu modo, a levantar os olhos para agradecer ao Pai que, para nossa Salvação, enviou ao mundo o Verbo que se fez um de nós, o Homem de Nazaré, o teu Filho Jesus.

Ensina-me, a teu modo, a agradecer ao Pai que, pelo Espírito Santo, gerou no teu seio o Verbo Divino, que se fez Homem, o teu Filho, o Cristo Jesus que com a força do seu amor triunfa sobre os ídolos da morte.

Ensina-me, a teu modo, a agradecer ao Pai, porque, apesar de toda impressão de caminhar para o caos, o teu Filho Jesus se manteve firme em sua decisão de oferecer a sua vida por nós.

Graça do dia: Deus Pai, a exemplo do Imaculado Coração de Maria, ensina-me a agradecer com profundidade o amor do teu Cristo.

21º dia

Ó Virgem Maria

Que no teu Imaculado Coração
Acolheste o pedido do Pai de ser a Mãe do Verbo de Deus,
Passando por uma vida de sofrimento
Do presépio ao momento dramático da cruz,
Tornando-te, por graça do Espírito Santo,
Colaboradora provada na obra da Encarnação Redentora

Ensina-me, a teu modo, a unir-me ao sofrimento do teu Filho para que mais trabalhe pelo bem de todos.

Ensina-me, a teu modo, a não parar, por causa do sofrimento, na superfície de mim mesmo, não percebendo a glória do teu Filho.

Ensina-me, a teu modo, a não permitir que a tristeza, gerada pelos meus sofrimentos, brinde a vitória no fundo de minha alma, para que eu sinta a alegria trazida pela Ressurreição do teu Filho.

Ensina-me, a teu modo, a não deixar que a tristeza, causada pelos meus sofrimentos, faça-me parar na cruz, como última estação da Via-Sacra do teu Filho.

Ensina-me, a teu modo, a perceber nos momentos de vazio, causados pelo sofrimento, que me resta o teu Filho Jesus.

A teu modo, fica ao meu lado, não deixes que a sombra das minhas fragilidades, dos meus sofrimentos, impeça-me de ver a luz do teu Cristo Ressuscitado.

Graça do dia: Deus Pai, a exemplo do Imaculado Coração de Maria, ensina-me a conviver com o sofrimento do teu Cristo.

22º dia

Ó Virgem Maria

Que no teu Imaculado Coração,
De forma silenciosa, acolheste o pedido do Pai
Gerando no teu ventre o Verbo de Deus, Jesus de Nazaré,
Tornando-te, por graça do Espírito Santo,
Colaboradora silenciosa na obra da Encarnação Redentora

A teu exemplo, eu aprenda, no silêncio, que o necessário é amar a Jesus, o teu Filho, com toda a minha alma e entendimento.

A teu exemplo, eu possa caminhar, no silêncio, passo a passo, nos passos do teu Filho, Cristo Jesus.

A teu exemplo, eu possa viver a vida, de forma silenciosa, ao lado do teu Cristo.

A teu exemplo, eu possa pensar, de forma silenciosa, os pensamentos do teu Filho amado, Jesus de Nazaré.

A teu exemplo, eu possa falar, com gestos simples e silenciosos, ao coração dos que comigo convivem, as palavras do teu Cristo.

A teu exemplo, eu possa, num testemunho silencioso, gastar a minha vida, o meu tempo, realizando as obras do teu Cristo.

A teu exemplo, eu possa, no silêncio do meu cotidiano, tomar consciência da presença viva do teu Filho no íntimo do meu ser.

Graça do dia: Deus Pai, a exemplo do Imaculado Coração de Maria, ensina-me a seguir, no silêncio, o teu Cristo.

23º dia

Ó Virgem Maria

Que no teu Imaculado Coração,
A partir da concepção,
Saboreaste a presença do Verbo do Santo de Deus,
Tornando-te, por graça do Espírito Santo,
Colaboradora dócil na obra da Encarnação Redentora

Ensina-me, a teu exemplo, a saborear a presença do teu Filho, o Cristo Ressuscitado, no meu dia-a-dia.

Ensina-me, a teu exemplo, a saborear no meu trabalho diário a presença viva do teu Filho Ressuscitado, o Cristo Jesus.

Ensina-me, a teu exemplo, a saborear sem cessar a presença do teu Filho, o Cristo Ressuscitado, na convivência com os meus irmãos.

Ensina-me, a teu exemplo, a saborear a presença do teu Filho Ressuscitado nas pessoas que sou chamado a servir com alegria.

Ensina-me, a teu exemplo, a saborear a presença do teu Filho, o Cristo Ressuscitado, naquelas pessoas com quem não consigo me relacionar com abertura de coração.

Ensina-me, a teu exemplo, a saborear a presença do teu Filho, o Cristo Ressuscitado, presente no sacramento da Eucaristia: seu próprio Corpo, seu próprio Sangue dado e derramado pela vida do mundo.

Graça do dia: Deus Pai, a exemplo do Imaculado Coração de Maria, ensina-me a reconhecer o teu Cristo.

24º dia

Ó Virgem Maria

Que no teu Imaculado Coração,
No encontro orante com o mensageiro de Deus, disseste:
"Eis aqui a serva do Senhor,
Faça-se em mim segundo a tua Palavra",
Tornando-te, por graça do Espírito Santo, morada do Verbo de Deus,
Colaboradora dócil na obra da Encarnação Redentora

Ensina-me, a teu exemplo, a dedicar todos os dias um tempo para o encontro com o teu Filho na oração.

Ensina-me, a exemplo do teu Divino Filho, que a oração é um meio essencial para caminhar na Salvação.

Ensina-me, a teu exemplo, que na oração nós tocamos e somos tocados por teu Filho Jesus.

Ensina-me, a teu exemplo, a olhar para o teu Filho Jesus, o Homem de Nazaré, como o modelo e testemunho de vida de oração.

Ensina o meu coração, a teu exemplo, a captar o teu Filho Jesus, imerso na oração, no encontro mais íntimo e profundo com o Pai que o enviou para nossa Salvação.

Ensina-me, a exemplo do teu Divino Filho, o Homem Jesus, a me retirar para lugares isolados para um encontro com a vontade do Pai.

Ensina-me, a teu exemplo, a deixar-me envolver pelo Espírito Santo de Deus para que minha oração seja agradável ao Pai, como o foi a do teu Filho, o Cristo Jesus.

Ensina-me, a teu exemplo, a deixar-me conduzir pela ação do Espírito Santo para que os meus momentos de oração não sejam tomados pela distração, mas pela entrega amorosa ao teu Filho Jesus.

Graça do dia: Deus Pai, a exemplo do Imaculado Coração de Maria, ensina-me a me encontrar com o teu Cristo na oração.

25º dia

Ó Virgem Maria

Que no teu Imaculado Coração,
Por graça do Espírito Santo,
Acolheste e te tornaste morada do Verbo de Deus,
Passando por momentos de alegria e satisfação,
Enfrentando com fé, coragem e serenidade
Os momentos de sofrimento, vazio e frustrações,
E pela graça Divina, te tornaste colaboradora dócil
Na obra da Encarnação Redentora

Coloca-me com o teu Divino Filho no dia em que desconfiar do amor de Deus por mim.

Coloca-me com o teu Divino Filho nos momentos em que sinto o vazio tomar conta de mim.

Coloca-me com o teu Divino Filho nos dias em que confio somente em minhas forças.

Coloca-me com o teu Divino Filho nas horas em que não percebo que a sua graça atua em minha vida.

Coloca-me com o teu Divino Filho no dia em que sinto como se me bastasse a mim mesmo.

Coloca-me com o teu Divino Filho no dia em que preciso ajuntar os ossos secos da existência que a minha ingratidão secou.

Coloca-me com o teu Divino Filho nos momentos em que preciso experimentar a ação curativa de Deus.

Coloca-me com o teu Divino Filho nos dias em que me sinto preso nas velhas amarras da culpa.

Coloca-me com o teu Divino Filho no dia em que antigas e incômodas preocupações tomam conta do meu ser.

Coloca-me com o teu Divino Filho nas horas em que chegam as imagens distorcidas de mim mesmo, impondo-me fortes frustrações.

Coloca-me com o teu Divino Filho no dia em que busco a presença de Deus e não o encontro.

Graça do dia: Deus Pai, a exemplo do Imaculado Coração de Maria, coloca-me com o teu Cristo nos momentos de vazio e frustrações.

26º dia

Ó Virgem Maria

Que no teu Imaculado Coração,
Por graça do Espírito Santo, te tornaste morada do Verbo de Deus,
No seguimento do teu Cristo não te deixaste levar pelo desamor,
Mas pela prática silenciosa do perdão,
Fazendo-te colaboradora dócil na obra da Encarnação Redentora

A teu exemplo, eu descubra que aquele que se alimenta da presença do teu Cristo manifesta sempre a capacidade de perdoar.

A teu exemplo, eu faça do esquecimento uma virtude, pois, enquanto se guarda mágoa, não se consegue perdoar, como fez o teu Filho.

A teu exemplo, eu descubra que temos de aprender a esquecer o que precisa e deve ser esquecido e, como fez o teu Filho, perdoar o que deve ser perdoado.

A teu exemplo, eu descubra a docilidade de quem frequentou a escola do perdão ensinado pelo teu Filho.

A teu exemplo, eu descubra que a vida em comunidade, com as suas incompreensões, é um lugar privilegiado para exercer a capacidade de perdoar ensinada e praticada pelo teu Filho.

A teu exemplo, eu descubra, com o teu Filho, que o perdão nos liberta, nos deixa serenos.

Graça do dia: Deus Pai, por intercessão do Imaculado Coração de Maria, ensina-me a prática silenciosa do perdão, como praticou o teu Cristo.

27º dia

Ó Virgem Maria

Que no teu Imaculado Coração acolheste,
Cuidaste, seguiste teu Filho com ternura, com docilidade,
Esperaste o tempo do Pai, para que o Verbo de Deus,
Que no teu ventre se fez Homem, pudesse ser glorificado,
Tornando-te, por graça do Espírito Santo,
Colaboradora esperançosa na obra da Encarnação Redentora

Ajuda-me, à tua forma, a manifestar no meu dia-a-dia a esperança manifestada pelo teu Filho.

À tua forma, eu possa ter sempre uma palavra, um gesto de esperança, como o teu Filho.

À tua forma, eu descubra que quem tem o Espírito de Deus, como o teu Filho, vive da esperança e para a esperança.

À tua forma, ao contemplar a vida do teu Filho, eu descubra que a esperança é nossa arma contra o desânimo.

À tua forma, ao contemplar a vida do teu Filho, eu descubra que a esperança é nossa arma contra o conformismo.

À tua forma, ao contemplar a vida do teu Filho, eu descubra que a esperança é nossa arma contra a indiferença.

À tua forma, ao contemplar a vida do teu Filho, eu descubra que a esperança nos leva a crer que dias melhores virão.

À tua forma, ao contemplar a vida do teu Filho, eu descubra que a esperança e a vitória final será da vida e daqueles que a defendem.

À tua forma, ao contemplar a vida do teu Filho, eu descubra que a esperança não nos cega.

À tua forma, ao contemplar a vida do teu Filho, eu descubra que a esperança nos alimenta para enfrentar as dificuldades e desafios do dia-a-dia.

À tua forma, ao contemplar a vida do teu Filho, eu descubra que a esperança dá uma certeza: "Quem semeia entre lágrimas, entre sorrisos colherá".

À tua forma, ao contemplar a vida do teu Filho, eu descubra que com esperança nenhum sofrimento é definitivo.

Graça do dia: Deus Pai, a exemplo do Imaculado Coração de Maria, ajuda-me a crescer na esperança do teu Cristo.

28º dia

Ó Virgem Maria

Que no teu Imaculado Coração
Acolheste o pedido do Pai, permitindo que o Verbo de Deus,
Que se fez Homem, habitasse no meio de nós,
Tornando-te, por graça do Espírito Santo,
Colaboradora na obra da Encarnação Redentora

Ensina-me, à tua maneira, a abrir-me ao Pai que se comunica conosco através da Palavra que, no teu ventre, se fez Homem, Jesus Cristo de Nazaré.

Ajuda-me, à tua maneira, a compreender que o teu Filho Jesus nos comunicou, pela graça do Espírito Santo, que o Pai sempre nos amou e amará.

Ajuda-me, à tua maneira, a compreender e confiar que o teu Filho Jesus nos comunicou, pela força do Espírito Santo, que Deus-Pai nos perdoa sempre.

Ajuda-me, à tua maneira, a compreender que o teu Filho Jesus nos comunicou, pela força do Espírito Santo, que Deus está sempre presente em nossas vidas.

À tua maneira, eu faça do teu Filho, o Cristo Jesus, e da sua comunicação a razão do meu viver.

À tua maneira, eu faça do teu Filho Jesus Cristo, Comunicador do Pai, a causa e o sentido da minha vida e da minha comunicação.

Ajuda-me, à tua maneira, a aprofundar a linguagem do amor para que eu possa transmitir a mensagem de vida do teu Filho àqueles e àquelas que partilham o dia-a-dia comigo.

Ajuda-me, à tua maneira, a comunicar sempre a verdade que brotou no coração do mundo com a Ressurreição do teu Filho Jesus.

Ajuda-me, à tua maneira, a buscar de todo o coração a verdade que brota do coração do teu Filho Jesus, para que eu me liberte de toda mentira: as que falo aos outros e, como as mais graves ainda, as que falo a mim mesmo.

Graça do dia: Deus Pai, por intercessão do Imaculado Coração de Maria, ensina-me a comunicar a vida a exemplo do teu Cristo.

29º dia

Ó Virgem Maria

Que no teu Imaculado Coração, ao acolher o Verbo de Deus,
Te tornaste o primeiro ostensório,
Local de encontro entre o humano e o divino,
Local de adoração do Cristo que por nós se fez Pão
E, por graça do Espírito Santo, te tornaste
Colaboradora na obra da Encarnação Redentora

A teu exemplo, nos momentos de adoração, de encontro com o teu Filho, eu possa me abrir para que ele faça em mim sua morada.

Ensina-me, a teu exemplo, a adorar, em espírito e verdade, o teu Filho, que por mim se fez Pão.

Ensina-me, a teu exemplo, pouco a pouco a fazer da minha vida gesto de adoração ao teu Filho.

Ensina-me, a teu exemplo, a abrir o meu coração à adoração daquele que no teu ventre se fez Homem, por amor a nós.

Ensina-me, a teu exemplo, a fixar os meus olhos no teu Cristo que por mim se fez Pão.

Ensina-me, a teu exemplo, a reconhecer na Eucaristia, Corpo e Sangue do teu Filho, o seu gesto de amor que, ao mesmo tempo, denuncia o mal e nos chama à conversão.

À tua maneira, não me deixes esquecer que, sem a encarnação do teu Filho, não há oração, não há adoração em espírito e verdade.

A teu exemplo, pelo encontro diário com o teu Filho Jesus na oração, eu me torne um autêntico discípulo.

Graça do dia: Deus Pai, por intercessão do Imaculado Coração de Maria, ensina-me a adorar o teu Filho em espírito e em verdade.

30º dia

Ó Virgem Maria

Que no teu Imaculado Coração
Foste obediente ao pedido do Pai e acolhendo,
Amando, cuidando e seguindo com ternura e
Docilidade o Verbo de Deus,
Te tornaste, por graça do Espírito Santo,
Colaboradora obediente na obra da Encarnação Redentora

Ensina-me, a teu exemplo, na contemplação descobrir o rosto do teu Cristo que se forma pouco a pouco em mim.

Ensina-me, a teu exemplo, a contemplar a face misericordiosa do teu Filho.

Ensina-me, a teu exemplo, a contemplar a face do teu Filho, amigo dos homens, que nos estendeu a mão a ponto de partilhar a nossa vida.

Ensina-me, a teu exemplo, a ser capaz de transformar a minha vida, os meus gestos, na vida e nos gestos do teu Filho que contemplo.

Ensina-me, a teu exemplo, a contemplar o mistério da cruz e da oferta da vida de Jesus e a vinda do Reino do teu Filho.

A teu exemplo, minha contemplação silenciosa ajunta-se à oração do teu Filho que está sempre intercedendo por nós, certo de que ele poderá sanar os sofrimentos do mundo e transformá-los em vida, pelo poder de Deus.

A teu exemplo, eu possa contemplar a maneira como o teu Filho Jesus atuou nas diversas situações em que se encontrou como homem nesta terra.

A teu exemplo, com os olhos do coração, eu possa admirar o modo como o teu Filho prestou atenção às pessoas, como fez seus os sofrimentos dos outros.

A teu exemplo, eu faça do meu encontro diário com o teu Filho, presente na Eucaristia, o centro atrativo da minha vida.

A teu exemplo, eu possa, em silenciosa adoração junto ao sacrário, deixar que o Espírito Santo infunda na minha alma a chama de bondade e de amor que infundiu no coração de teu Filho.

Graça do dia: Deus Pai, a exemplo do Imaculado Coração de Maria, ensina-me a contemplar a presença gloriosa do teu Cristo.

30 dias com o Imaculado Coração de Maria

José Carlos Ferreira da Silva

Orientações para o grupo de oração

Preparação
- Marcar o lugar do encontro.
- Preparar o ambiente com algum símbolo.
- Pedir a cada participante que traga a sua Bíblia.
- Com o *Ano litúrgico*, marcar o Evangelho próprio do dia.
- Preparar uma folha com cantos marianos.
- Dividir as tarefas do encontro.

Encontro celebrativo
- Dirigente inicia em nome da Trindade.
- Dirigente abençoa a família que recebe o grupo.
- Rezar a oração: "Coração de todos os momentos" (pp. 8-9).
- Aclamar e proclamar o Evangelho do dia.
- Repetir alguma frase ou palavra do Evangelho.
- Partilhar o sentido do Evangelho e experiências de vida.
- No livro, rezar a oração correspondente do dia.
- Rezar o terço e intenções.
    - Segundas e sábados: mistérios gozosos.
    - Terças e sextas: mistérios dolorosos.
    - Quartas e domingos: mistérios gloriosos.
    - Quintas: mistérios luminosos.
- Combinar um gesto concreto. Agradecer à família que acolhe. Informar o local e o horário do próximo encontro.
- Canto final.

Rua Dona Inácia Uchoa, 62
04110-020 – São Paulo – SP (Brasil)
Tel.: (11) 2125-3500
http://www.paulinas.com.br – editora@paulinas.com.br
Telemarketing e SAC: 0800-7010081